Weil der Wind durch meine Haare weht...

Alina Winschu

Vorwort

Wer kennt es nicht?
Man lebt seinen ganz normalen Alltag und irgendwann abends, wenn man schon im Bett liegt und eigentlich schon längst schlafen sollte, denkt man plötzlich an verschiedene Dinge. An unwichtige Dinge und wichtige. Von der kaputten Barbie in der ersten Klasse bis hin zu dem Sinn des Lebens. Und alles dazwischen. Darüber macht man sich Gedanken. Man denkt die halbe Nacht darüber nach, doch spricht es eigentlich nie so wirklich an; man redet nicht darüber. Wobei das doch eigentlich die wichtigsten Gedanken sind; nämlich die, die uns wirklich beschäftigen. Wie zum Beispiel die Lieblingsbarbie, die dieser Junge damals kaputt gemacht hat... und sich bis jetzt nicht dafür entschuldigt hat. Das kann auf Dauer sehr belastend sein.

Und um diese Sachen anzusprechen, jedenfalls teilweise,

habe ich meine Gedanken aufgeschrieben und in diesem Buch zusammengefügt. Um etwas „hinter die Kulissen" zu schauen und den Leuten, die vielleicht so ähnlich denken, zu zeigen, dass sie nicht alleine sind. Oder auch einfach nur, um den Leuten zu zeigen, was in *meinem* Kopf vorgeht.
Morgens, tagsüber, abends, nachts.
Und egal wie unwichtig uns diese Gedanken auch manchmal erscheinen, beschäftigen sie uns doch eine ganze Weile. Wenn wir schon an eine bestimmte Sache mehrmals denken, dann ist diese Sache es auch wert, angesprochen zu werden.
Oder nicht?

IF YOU DO NOT
GET IT OFF YOUR CHEST,
YOU'LL NEVER
BE ABLE
TO BREATH.

•*{Schwarz-weiß ist jetzt zwar in,*
aber die Welt ist in Farbe doch schöner.}•

Ich öffne meine Augen,
doch die Welt seh' ich nicht.
Es ist genau andersrum,
bin ich wach, sieht die Welt mich.

Es ist nur einmal zwischendurch,
ich leg mich schlafen, schlaf' nicht ein,
hör' meinen Gedanken beim Streiten zu
und dann ist auch die Nacht vorbei.

Mal hier, mal da
und immer wieder
spielt mir mein Leben
meine Lieblingslieder.
Und immer wenn ich mitsinge,
mich in der Melodie verliere,
etwas Neues dann erfinde,
und wie ein Schriftsteller dann klinge,

dann hört das Konzert nicht auf,
ich treibe es ja flott voran
und verirr' mich dann.

Warum denn immer Karaoke,
warum immer nachsingen,
warum nicht auf 'was eig'nes kommen,
warum auf fremden Flügel fliegen?

Doch so lebt man heutzutage,
verliert das eig'ne Original,
ist nur eine Variable
ein x, wie andere,
ganz banal.

Und das möchte ich nicht mehr,
nicht mehr kopieren,
übernehmen,
weg von diesem Hinterhergerenne,
weg vom banalen *überleben*.
Ich will nicht einfach existieren,
ich will leben.
Ich will lachen wie ein Kind,
ohne Scham, ohne Angst, ohne Vorsicht;
Ich will um die Welt tanzen,

ohne den Gedanken *Ich kann es nicht;*
Ich will singen,
so laut und so schief ich will.
Und wem mein Lied nicht gefällt,
der hört eben nicht hin.
Ich will springen, mich drehen,
meine Haare verwehen,
mich kopfüber stellen,
die Welt in Farbe sehen,
alle Sprachen verstehen,
über Wasser gehen,
neue Wege wählen,
und der Welt von meinem Leben erzählen.

Ich will frei sein,
überall
und zu jeder Zeit.
Ich will Ich sein,
und kein Nachhall,
denn ich bin für mich bereit.

Keine Masken, kein Verstecken,
keine Scheu vom Aufdecken,
keine Zähne blecken,
lächeln, lächeln, lächeln.

Mit einem Regenbogen leben,
in den Augen, in den Worten,
in Gedanken und Musiknoten
und die Welt 'n Stückchen
bunter sehen.

Warum schwarz-weiß
wie Old-Time-Bilder,
warum *Vintage* und so
bedrückt?
Warum drehen wir die Farben
nicht einfach heller?
Warum nicht das Beste
zusammengefügt?
Warum gehen wir auf einem
Zebra-Streifen
durchs Leben,
ein Regenbogen unter unseren
Füßen wäre viel schöner.
Doch wir verweigern es alle,
tun so, als würden wir es alle
nicht können,
doch wir können es.
Wir können lächeln ohne Grund.
Warum? Wozu?
      -Na einfach so.
Weil es uns guttut.
Wir können uns umarmen, uns
küssen, ohne Grund.

Warum? Wozu?
    -Na einfach so.
Weil es uns guttut.
Wir können singen, tanzen,
ohne Grund.
Warum? Wozu?
    -Na einfach so.
Weil es uns einfach guttut.
Wir können anderen einfach
helfen, ohne Grund.
Warum? Wozu?
    -Na einfach so.
Weil es uns allen guttut.
Warum nicht eben glücklich
sein, so ohne Grund?
Warum und wie?
    -Na einfach so.
Weil es uns allen guttut.

Und dann, aber erst nur dann,
dann leben wir,
erst dann sind wir weg von
bloß existieren,
erst dann hat unser Herzschlag
eine Melodie,
erst dann sind unsere Gedanken
ein Lied,
erst dann sehen wir die Welt in
allen Farben,

erst dann bekommen wir das,
was wir noch nicht haben,
erst dann sind wir wir selbst,
ein eig'nes Original,
erst dann werden unsere
Träume real
und erst dann
werden wir alle normal.

Und du?
Sag, was ist mit dir?
Bist du am leben oder am
existieren?

*•{Wenn es denn so ist,
dann soll es wohl so sein.}•*

Es ist morgens,
ich steh' auf,
doch wach nicht auf
und träume weiter.
Mache mir Frühstück und n'
Tee,
hör', was in der Welt vorgeht
und mach' dann das Radio
leiser.
Höre Musik,
sing' manchmal mit,
verstehe den Text nicht ganz.
Ich zieh' mich an,
pack' meine Tasche,
such' im Zimmer nach meinen
Sachen.
Und bin wieder so spät dran.

Vormittags,
ich schlaf' noch immer,
im Kopf Gedankentrümmer,
ich sprech' sie jedoch nicht aus.
Jemand fragt mich,
ich versteh' nicht.
Denkt die Person nicht nach?
Ich lache, gähne,

versuch', zu verstehen.
Antworte in sehr langen Sätzen.
Ich rede und rede,
zeig' mein Wortgewebe,
und lasse mich von Gedanken hetzen.
Erzähle vom Leben,
von banalen Problemen
und sag', wie müde ich bin.
Rede dann weiter,
heikel und heiter
und frage mich nach dem Sinn.

Es ist schon Mittag,
ich guck' nicht auf die Uhr.
Mein Magen knurrt.
Und ich bin immer noch müde.
Mittagspause.
Alle freuen sich.
Unterhalten sich.
Und ich will nach hause.
Ich rede und lache,
weiß' nicht, was ich mache.
Pack' meine Sachen
und geh'.
Ich geh' nicht weg, nur irgendwohin.
Damit ich für ein paar Minuten alleine bin.

Gehe wieder zurück,
von Gedanken verrückt.
Und rede wieder ganz normal.
Bin dann still,
sag' nicht das, was ich will.
Gähne ein oder zwei mal.

Nachmittags,
zu spät für mich,
ich rede nicht.
Hör' auf dem Nachhauseweg
Musik.
Bin zu beschäftigt,
ständig busy.
Mal hier, mal da und dann
zuhaus'.
Schmeiß' meine Tasche auf den
Boden,
pack' sie nicht aus
und esse meinen verspäteten
Mittag.
Mach' wieder Radio an,
hör' mir Nachrichten an,
weil man sie immer zu dieser
Zeit ausstrahlt.
Ich hör' nur den Anfang,
mache wieder aus.
Traurig und bitter ist das Leben
halt.

Menschen töten Menschen, um zu zeigen, dass töten schlecht ist.
Behandeln alle ungerecht, um dann zu zeigen, was gerecht ist.
Unschuldige Völker,
die ganz normale Bevölkerung, leidet.
Weil sich die Regierungen streiten,
um Geld, ums Öl, um die Grenzen.
Weil die Regierung nach Prinzip entscheidet
und nicht nach dem Besten.
Sie streiten sich um Recht,
schicken Soldaten in den Krieg,
nur um zu zeigen,
wer angeblich stärker ist.
Als spielten sie Schach.
Schwarz-weiß die Figuren,
banale Strukturen
und nie kommt es zum Matt.
Menschen sterben, sie sterben,
wissen selbst nicht, warum.
Und die Zeugen, sie schweigen.
Und bleiben stumm.

Ich schweige,
trinke Tee
oder Wasser.
Beginne nach den Nachrichten,
die ganze Welt zu hassen.
Und dann spielt das Radio
Musik.
Etwas aus den Charts,
die Top 10
und ich hör' hin.
Wieder ein Liebeslied.
Was Neues fällt keinem ein.
Den Krieg hat in den Charts
kein einziger erwähnt,
als hätte man gar nicht erst
gerade davon erzählt.
Wieder ein Lied über Nächte zu
zweit.
Über Alkohol, Drogen
und die ganzen Sachen halt.
Über Partys und Clubs,
Kneipen und Puffs.
Ich schalte das Radio aus.

Es wird schon Abend,
langsam werde ich wach,
denke immer noch nach
und erledige Sachen.
Mal dies, mal das,

muss wegen irgendwas lachen
und mache wieder Musik an.
Ich seh' auf die Uhr,
dem Tag bleiben paar Stunden.
Ich verspreche mir selbst,
früher zu schlafen,
muss innerlich etwas lachen
und tue dann wieder ernst.
Nun ja, was macht man denn abends?
Der Tag ist fast um und man hat nichts erreicht.
Nichts ist heute passiert,
was von gestern abweicht.
Immer wieder das Gleiche,
nur in anderen Farben,
wobei wir nicht viele zur Auswahl haben.

Wieder denke ich nach,
bin hellwach,
mein Kopf macht Krach
und ich versuche, mich abzulenken.
Netflix, YouTube,
Insta, WhatsApp,
Google, Facebook,
Snapchat,
sonst noch was

und Sportify.
Keine Bücher,
keine Zeit mehr,
denn die Zeit rennt mir davon.
Ich mein, ich könnt' ja hinterherlaufen,
doch ich bin zu sehr verwöhnt.
Ich hasse Internet,
Abhängigkeit und Gewohnheit.
Alle online, kein Reallife.
Alle zocken, starren auf's Display
und es ist ja jetzt normal.

Mitternacht,
ich bin noch wach,
noch nicht mal bettbereit.
Bin nicht müde,
etwas schwach,
halt mein Versprechen nicht ein.
Hör' wieder Musik,
das Übliche.
Nur noch paar Stunden zum schlafen.
Ich zähle sie.
Was soll's,
mach' mein Bett,
und mach' dann die Musik aus.
Das Licht brennt nicht mehr,

meine Gedanken rasen,
springen
im Kopf umher.
So wie es ist, so soll es sein.
Was nicht sein soll, das ist auch nicht.
Warum, weswegen, das frag ich mich.
Und schlaf' erst morgens ein.

*•{Wenn nicht heute,
dann vielleicht morgen.
Wenn nicht in diesem,
dann vielleicht im
nächsten Leben.}•*

Manchmal seh' ich ein Flugzeug,
einen Bus,
einen Zug.
Oder ein Schiff,
ein Taxi,
ein Auto.
Und dann will ich dadrin sein,
egal wohin.
Einfach nur weg,
irgendwohin,
wo mich niemand kennt.

Einfach alles schmeißen,
alles zur Seite,
sich den Weg freimachen
und sich losreißen.
In eine andere Stadt,
in ein anderes Land,
Neuanfang,
'ne zweite Chance.
Von vorne beginnen,
sich an keine Fehler erinnern.
Und einfach glücklich sein.

Ein für alle mal.

Etwas anders machen,
anders Geld verdienen,
über anderes lachen,
sich selbst anders
demonstrieren.
Anders, nicht im Sinne von
verstellen,
anders, im Sinne von so, wie
man ist,
wie man wirklich ist,
ohne sich dafür zu schämen.
Anders wohnen,
so wie man es will,
sich anders kleiden,
im eigenen Stil.
Anders reden,
Gedanken aussprechen,
und sich nicht fürchten,
sie nicht zu verstehen.

Andere Menschen,
die dich nicht kennen,
kennenlernen,
und lieben lernen.
Mit anderen Menschen
seine Wünsche erfüllen,
nur um sich endlich komplett zu

fühlen.
Sie kennen dich nicht,
sehen dich anders,
als die, die du kennst.
Du bist besonders,
keine Gewohnheit,
keine Normalität.
Etwas, was kein Mensch
versteht.

Wir sind nie zufrieden,
mit dem, was wir haben,
wollen was anderes, besseres.
Wir sagen,
dass andere besser leben,
doch wollen zu keinem besseren
Leben streben.
Zu schwer, um es zu verändern,
da wo es sich so entwickelt hat,
wie es ist.
Wollen deswegen verschwinden,
um alles von vorne zu
beginnen.
Doch niemand macht es,
niemand traut sich,
alles aufzugeben.
Wir sind nicht glücklich,
wollen was anderes,
einfach ein anderes Leben.

Und warum es denn so ist,
kann irgendwie niemand
erklären.

Wir trauen uns nicht,
alles zu verändern,
doch wollen es innerlich.
Leben nach Vorschriften,
Prinzipien,
leben so, wie es sich gehört
und nicht so, wie wir es wirklich
wollen.
Vielleicht sind es nur Phasen,
nur Teile von uns,
vielleicht nicht für immer,
vergänglich.
Doch vielleicht sind wir ja
unsterblich.
Wir sterben und leben,
sterben erneut
und leben weiter dann.
Und vielleicht leben wir so, wie
wir wollen,
irgendwann.
Vielleicht fangen wir ja schon
an,
mit Gedanken,
Plänen,
Träumen,

können uns nur noch nicht entscheiden,
nicht trauen.
Trauen uns noch nicht, alles aufzugeben,
doch wir schaffen es,
werden glücklich,
vielleicht ja im nächsten Leben.

•*{Leben ist das,
was passiert.}*•

Und manchmal
passieren so Sachen,
die andere Sachen machen,
über die wir lachen,
selbst wenn erst im
Nachhinein.
Manchmal passiert es
und du weißt nicht, was,
bekommst es nicht mit,
hast es verpasst,
erinnerst dich dann
und denkst dir „Verdammt."

Tja, das ist das Leben,
was da passiert,
nicht geplant,
nicht vorgewarnt,
erst im Nachhinein
erkannt.
Das ist das Leben,
was passiert,
was uns durch die Bahnen wirft,
was uns ständig elektrisiert,
das, worauf alles basiert.
Das ist das Leben,
was und den Strich

durch unsere Planung zieht
und ehe man sich versieht,
wurde alles umgespielt,
alles anders,
von heute auf morgen,
alles anders,
und man hat es nicht
mitbekommen.

Eine Begegnung,
ein Blick,
ein Gespräch.
Eine Person oder
auch nur der Moment.
Ein Treffen,
ein Fail,
ein Auseinandergehen.
Und dann der Satz „Ich will's
versteh'n."

Nö, das ist eben das Leben,
man kann und wird es nicht
verstehen.
Man soll es nicht,
man soll es leben,
genießen und einfach
hinnehmen.

Wir planen es nicht

und dann passieren Sachen
und wir werden glücklich,
dann traurig womöglich,
doch so ist das Leben,
so ist es, zu leben.
Und Jahre vergehen,
Erinnerungen entstehen,
das Herz sieht das,
was die Augen nicht sehen,
versteht das,
was das Hirn und der Verstand
nicht verstehen
und das nennt man Leben.

•{Sind wir nicht alle verrückt nach der Nacht... wie oft haben wir uns erst nach 00:00Uhr die wichtigsten Gedanken gemacht?}•

Ich bin nachts wach,
du auch?

Schlaf' nicht ein und denke nach,
zähle noch meine paar Stunden Schlaf,
die immer weniger werden.
Ich liege nachts wach im Bett,
steh' auf, lauf durch's Zimmer,
mache mir Gedanken über alles,
stelle mir selbst Fragen,
wie immer.

„Warum war der heutige Tag so trüb?"
„Warum liebe ich jemanden, der mich nicht liebt?"
„Warum sehe ich den Großen Wagen, aber den Kleinen nicht?"
„Warum halte ich immer

Ausschau nach einem Sternenbild?"

„Warum sind die Nachbarn heute so laut?"

„Warum wurde mir mal als Kind meine Barbie geklaut?"

„Warum war meine beste Freundin heute so still?"

„Warum sitze ich am Fenster, obwohl ich schlafen will?"

„Warum verfliegt die Zeit so schnell?"

„Warum ist mein Handydisplay so hell?"

„Warum schreibst du mir keine Nachricht?"

„Warum telefonieren wir nicht?"

„Warum hat er mich heute so angesehen?"

„Wie konnte ich bloß letztens in diesem Outfit rausgehen?"

„Wie konnte sich mein Leben so entwickeln?"

„Warum muss ich ausgerechnet jetzt pinkeln?"

„Warum scrolle ich wieder durch meine Bildergalerie?"

„Warum schon wieder nicht ich, warum sie?"

„Warum denke ich überhaupt so viel nach?"
„Es ist 2:27 Uhr... warum bin ich immer noch wach?"
„Wer wohl gerade auch nicht schläft?"
„Ob morgen der Tag auch so schnell vergeht?"

Und tausend andere Fragen.

Mir ist unter der Decke zu warm,
ohne zu kalt
und so wickel' ich mich ein,
möchte eingekuschelt sein,
doch schlafe selbst im Arm meines Teddys nicht ein.
Ich stehe wieder auf,
nehme wieder mein Handy,
ganz schnell auf Insta,
was liken, was sehen.
Dann eben auf WhatsApp,
paar Leuten schreiben,
dass ich wieder nicht schlafen kann.
Leg' mich wieder ins Bett,
drehe das Kissen um,
verfluche mein Gehirn,

schlaf' nicht ein, warum?

Sag mal, kennst du denn auch
solche Nächte?
Schlaflose,
kalte,
unerträgliche,
lange?

Ich würde ja sagen, dass wir sie
alle kennen.
Nicht wahr?

•{*Weil Baum.*}•

Ich sitze auf 'nem Kleidungshaufen,
der auf meinem Bett rumliegt,
tippe irgendwas ins Handy,
höre Musik.

Sehe mich im Spiegel,
strecke die Zunge raus,
mache meine Haare wieder on fleek,
bevor der Tag sie zerzaust.

In meinem Zimmer herrscht Chaos,
nein, überall liegen Ideen...
...und Kleidung,
...Papiere,
...Taschen,
...Geschirr,
...Müll von irgendwoher,
...paar aufgeschlagene Bücher,
...Taschentücher,
...abgebrannte Kerzen,
...Kärtchen,
...Tascheninhalte,
...Kissen und Decken
alles zusammen,

auf dem Tisch,
auf dem Boden,
meinem Bett...

Ich räum' gleich auf,
vielleicht auch später,
bin noch nicht so motiviert,
von dem Chaos inspiriert,
ich bin der Chaoswächter.
Bin ein Genie,
ordne mein Chaos,
finde die Sachen, die ich brauch
und eine bestimmte Ordnung
hab' ich in dem Chaos auch.

Jaja, ich stehe ja gleich auf,
nur noch paar Lieder,
paar Instagrambilder,
ein YouTube Video
und bisschen Chat.
Nicht?
Okay, dann geh' ich weg,
verlass' mein vollgemülltes
Bett,
und setz' mich auf den Boden.
Paar Selfies,
bin mit mir zufrieden,
neues WhatsApp-Profilbild
und packe mein Handy weg.

Das Radio spielt noch,
ein Lied zum Tanzen.
Musik, geiler Beat,
tolle Unterhaltung.
Ich sing' den Text mit,
keine Ahnung vom Inhalt.
Betracht' im Spiegel mein
Gesicht,
mag die Beleuchtung hier nicht.

Nun gut,
jetzt liegt hier noch mehr rum,
paar Handgriffe und es ist nicht
mehr so schlimm.
Keine Kleidung auf dem Boden,
ich nehme meine Tasche,
sammel' vom Boden deren
Inhalte,
packe Kopfhörer ein
und verlasse die Wohnung.

Ich steige in den Bus,
fahre in die Stadt,
rufe jemanden an.
„Sag mal, hast du kurz Zeit?"
    -Warum?
„Nur, so. Treffen, chillen..."
    -Ist 'was passiert?

„Nein, nur so."
    -Okay.

Ich lächel' die Passanten an,
weil ich gerade Lust dazu habe,
drehe mich um, um wem hinterherzugucken,
weil mir gerade danach ist.
Warum brauche ich einen Grund,
um glücklich zu sein?
Nein, den brauche ich nicht.
Ich bin es einfach.
Weil isso.
Weil Baum.

•{...es muss nicht immer die Liebe sein, die unsere Herzen bricht...}•

Personen,
Leute.
Familie,
Freunde.
Einfach nur Menschen,
man hasst sie
manchmal.
Man liebt sie zu sehr,
kann irgendwann nicht mehr,
weil sie dich irgendwann
nicht verstehen.

Egal was du sagst,
egal was du tust,
alles ist falsch,
du bist nie gut genug.

Ja ach, egal.
Kennst du das auch?
Sag bitte, du kennst es.
Ich weiß nicht, was ich brauch.

Vielleicht eine Umarmung.
Deine?

Vielleicht ein gutes Buch,
eine Decke
und Tee,
oder lieber Kakao
oder Kaffee,
mit einem Schuss
Vodka,
oder Whiskey,
mal sehen…

Vielleicht brauche ich auch nur
einen Film…
Komödie,
Drama,
Horror,
Krimi,
egal, vielleicht brauche ich es
auch nicht.

Vielleicht brauche ich
Schokolade
oder Kuchen…
oder vielleicht auch nur dich,
willst du mich besuchen?
Vielleicht brauche ich nur
meinen Teddy,
aber der sitzt ja schon neben
mir.
Vielleicht brauche ich ja auch

deine Nähe
und einfach nur eine Stunde
Schlaf neben dir.

Ach, wer weiß schon
was ich brauch.
Paar Tickets nach Australien,
Hawaii,
Süden Italien,
Dubai,
Spanien,
Osten Asien,
oder New York,
San Francisco,
Los Angeles...
vielleicht auch Houston,
Washington...
oder Manchester,
London.
Irgendwo, wo es laut ist,
so laut, so laut, so laut...
sodass ich meine Gedanken
nicht hör.

Oder eine Hütte
in den Bergen?
Ich bin zu sehr erschöpft.
Vielleicht brauche ich auch
wirklich nur Schlaf.

Vielleicht brauche ich
Buchstaben,
wie kleine Tabletten,
die sich zusammenfügen
und wirken.
Ich bring' sie auf Papier
und sitze wieder hier.

Aber irgendwie brauche ich nur
Stille,
möchte nicht reden,
nichts erklären,
keine Fragen stellen
oder gestellt bekommen.
Möchte nicht denken,
keine Liebe verschenken,
brauche nur den Knopf „PAUSE"
Und später wieder „PLAY".

Hey,
was ist denn los?
Ja, keine Ahnung,
bin heut' wieder zerstört.
Vielleicht auch nur erschöpft.
Wegen Gefühlen geköpft.
Müde, erschöpft,
erschöpft.
Müde.

*•{Wir lassen uns Zeit,
als wären wir unsterblich,
doch wir sind
länger tot
als lebendig.}•*

Wir leben von Biologie,
Physik
und Chemie,
Phantasie,
Euphorie,
einfach irgendwie...
vollkommen? Nie.
Lieben Melodien.
Ernähren uns beim Vermissen
von Bildergalerien.

Wir leben von Worten
aus verschiedenen Sorten,
von wunderschönen Orten,
Sahnetorten,
schönen Klamotten
und Katzenpfoten.

Wir leben von Sätzen,
von Weihnachtskränzen,
Partytänzen,
abdancen,
morgens dann zur Arbeit

hetzen,
vorher noch im Bett rumwälzen,
sich tagsüber unter Druck setzen,
den kleinen Bruder verpetzen,
Mamas Träume umsetzen,
auf dem roten Teppich glänzen
(nö, ich auch nicht),
abdancen, abdancen.

Wir leben von Musik,
von Kritik,
dann Dynamik,
tack-tick tack-tick tack-tick,
die Uhr, sie tickt,
macht auch Musik.

Wir leben von Farben,
schiefen Narben,
von Sachen, die wir nicht haben.
Die Männer leben von den Damen,
wir alle nach Gerichtsverfahren,
von Beinen und Armen,
in der Kirche „Amen.",
von Tigerklauen,
den Nachbarsbauern,
von Frühlingstauen,

staunen,
hinter der Ecke lauern
(um den Freund zu erschrecken),
Morgengrauen,
Gänsehautschaudern,
aus dem Fenster schauen.

Wir leben von Hitze,
von Flachwitzen,
beim Sport schwitzen,
in Holz Namen ritzen,
auf harten Stühlen sitzen
und mit Oma filzen.

Wir leben von Zahlen,
von allem Banalen,
Intervallen,
Bundeskanzler-Wahlen,
von prahlen,
Flohmarkthallen
und Mandarinenschalen.

Wir leben von lachen,
manche vom rauchen,
komischen Sachen,
Dinge machen,
auf andere achten,
zusammenkrachen,

im Herbst von Drachen
und sonst so Sachen.

Wir leben von Kommunikation.
Generation, Generation.
Konfusion
und Intergration,
Motivation,
Inspiration.

Wir leben von Liebe,
Angst, Lampenfieber,
von allen Gefühlen,
vom ständigen Grübeln
und den letzten
Kuchenkrümeln.

Wir leben von der Zeit,
meist in der Vergangenheit.
Doch das Leben zählt unsere
Stunden,
Tage, Minuten...
Ich glaube, hätten wir die
ganzen Zahlen,
wären wir entsetzt.
Also los,
leben wir im Jetzt!

*•{...und dann hör' ich
Liebeslieder,
bin wieder im
Liebesfieber...}•*

Warum heißt es „Schmetterlinge im Bauch"?
Warum nur im Bauch?
Ich fühle es doch überall...
ich fühle, ich fühle,
ohne dich zu berühren,
deine Berührung auf meiner Haut.
Warum „Schmetterlinge"?
Ich fühle den ganzen Zoo,
selbst wenn du nur nach meiner Hand greifst
und wenn du mich küsst, dreht sich die Umgebung im Kreis,
mir ist kalt und gleichzeitig heiß,
vielleicht ist es ja eine Krankheit, wer weiß...

Warum nennt man es „Kribbeln",
wenn es doch förmlich explodiert?
Meine Körperfunktion wird stark

reduziert
und bis mein Hirn es kapiert,
hat sich mein Herzschlag immer
noch nicht normalisiert
und mein Verstand hat es längst
noch nicht realisiert.

Warum „Wolke 7"?
Ich hab das Gefühl, viel, viel
höher zu fliegen,
alle Grenzen zu besiegen
und selbst unbesiegbar zu sein,
aber nur mit dir, nicht allein.
Hältst du mich fest,
werd' ich nicht fallen,
doch wenn du mich fängst,
hab' ich vor'm Fall keine Angst,
denn wenn du sagst, dass ich
es kann,
weiß ich „Ich kann's!"

Und dann wein' ich und wein'
ich ,
vor Unglück und Glück,
vor Schmerzen vom Lachen
und Schmerzen im Herzen;
ich lache vor Krämpfen
und Glückseligkeit.
Wer weiß,

vielleicht ist Liebe ja eine Krankheit.

*•{In meinem Kopf
herrschen andere Regeln,
es gibt kein richtig oder falsch,
kein Limit. Es gibt nichts
von dem, was die Realität
uns zeigt. In meinem
Kopf herrscht ein anderes
Leben halt.}•*

Lieber Leser,
guten Tag,
guten Morgen, Abend, Nacht;
kommt ja drauf an, zu welcher Zeit,
Sie diese Zeilen lesen.

Herzlich willkommen in meiner Welt,
in dem Zuhause meiner Gedanken,
ich hoffe, dass es Ihnen hier gefällt,
wenn nicht, bin ich auch damit einverstanden.
Nun, Sie kennen schon neun meiner Texte,
(zählen Sie nicht nach, sonst verlieren Sie Zeit)
und haben bestimmt ein paar

Fragen.
Naja, vorerst eine Frage von mir?
Darf ich Sie duzen? Sie sind ja schon länger hier,
durften mein Denken und Sein erkennen,
also sollte ich Sie meinen Freund nennen.
Darf ich Sie duzen?
Wenn nicht, tut mir leid,
ich tue es trotzdem.

Lieber Freund,
ich schreib' vom Leben,
von den Sachen, die mich bewegen.
Ich schreibe am Laptop,
ohne Notizen,
schreibe die Sorgen auf, die meine Gedanken besitzen.

Ich schreib' ohne Vorlage,
einfach nur so,
um meine Gedanken zu klären,
sie mit dir zu teilen.
Ich versuche, meine Art zu erklären,
ohne mich dir dazu zu zeigen.

Ich denke viel nach,
manchmal viel zu viel,
ich denke nach ohne
nachzudenken,
ohne, dass ich es will.
Selbst beim Lernen von
Matheformeln,
schieben sich andere Gedanken
dazwischen
und ich bin dann wie
benommen,
lasse sie weiterkriechen.
Manchmal schreien sie in
meinem Kopf,
so laut, dass ich von alleine
nicht mehr denken kann
und nachts bin ich manchmal so
sehr erschöpft,
dass ich mich gegen das
Denken nicht mehr wehren
kann.
Und dann lieg' ich um zwei,
halb drei, drei,
dann lieg' ich im Bett,
hole mein Laptop
und schreibe irgendwas auf.

Manchmal möcht' ich selbst

schreien,
doch das würden ja andere hören,
doch die Gedanken sind viel zu laut,
um sie selbst mit meinem Geschrei zu übertönen.
Wären Gedanken lebendig,
würde ich einige nur zu gern abstechen,
probieren wie sie schmecken,
um mich dann zu erbrechen.

Tut mir leid für diese Worte
(nein, eigentlich tut es mir gar nicht leid),
ich wollte dich auch gar nicht aufhalten,
wollte nur die Worte loswerden,
die sich von innen in meine Kehle krallten.
Eigentlich habe ich nicht viel gesagt,
sondern viel mehr gedacht,
doch das erkennst du selbst später.

*•{Zu viele Liebesbriefe,
zu viele Liebeslieder
und zu wenige Zeilen für
die Freunde, die unsere
Tränen trocknen.}•*

*An meine beste Freundin,
meine Zwillingsschwester*

Manchmal sehe ich dich an,
von der Seite,
unauffällig,
manchmal auch vom Weiten,
rein zufällig
und denke plötzlich nach.
Deine Konturen,
deine Augen,
die Wellen in deinem Haar,
die Grübchen an deinen Wangen,
das Mädchen, das mir damals fremd war.
Ich denke nach,
über uns beide,
das, was uns zusammenhält,
nie mehr getrennt, nie mehr alleine,
wir beide gegen den Rest der Welt.

Ich denke nach und frage mich,
was wäre ich bloß ohne dich,
doch zu 'ner Antwort komm' ich nicht.

Wie oft renne ich zu dir,
um mich mal wie Ich zu fühlen,
doch statt dann mal ernst zu sein,
rocken wir die Jahre durch.
Wir fliegen und fallen,
weinen zusammen,
bauen uns auf
und fangen von vorne an.
Wir geben nicht auf,
ändern nicht unsere Ziele,
gehen gemeinsame Wege
und sich doch so verschieden.

Wir kennen uns schon so gut,
dass es mich manchmal echt beängstigt,
gleiche Gedanken,
gleiche Sicht,
als ob wir das selbe Buch lesen,
das vor uns aufgeschlagen liegt.
Wenn ich mich selbst nicht mehr verstehe,

in die falsche Richtung gehe
und kein Licht im Dunkeln sehe,
kommst du um mir mich zu erklären,
mich auf den richtigen Weg zu stellen
und zeigst hinauf zu Sternen.

Du lässt die Zeit verfliegen,
lässt mich vergessen, dass ich eigentlich schlecht gelaunt bin,
lässt mich mich selbst wieder einkriegen
und wieder lachen, wie ein Kind.
Du lässt den grauen Regen
in allen Farben strahlen
und du kannst die Dinge in mir bewegen,
die sonst unbewegt verweilen.

Wir beherrschen unsere eigene Sprache,
müssen nicht reden, um uns zu verstehen
und ich weiß, egal was ich mache,
wirst du an meiner Seite gehen.

Ja, ich bin irre,
so irre verrückt,
doch du bist nicht anders,
kein einziges Stück.
Du siehst fast durch mich hindurch
und weißt sofort, was ich denk',
wohin ich meine Richtung lenk'
und was ich in meinem Inneren erhäng'.

Du machst jeden Ort wunderschön,
selbst wenn du nur auf dessen Boden stehst.
Du machst jeden Tag so viel heller,
ohne etwas groß zu tun,
ich weiß nicht, ob du mich jetzt verstehst,
doch sag bloß ja und nicke stumm.

Wir reden viel,
niemals genug,
mal hier, mal da
sind wir manchmal nicht klug.
Wir reden über Sachen,
die wir nicht machen

und welche, die wir machen,
über Sachen, über die wir lachen,
über Zeit, die wir verbrachten
und Sachen, die wir sonst nie sagten,
weil wir uns nicht trauten
bis wir auftauten
und wir unserem eigenen Ich vertrauten,
ohne uns zu besaufen
als wir uns diese Sachen sagten.

Wir reden viel
und ich erzähle dir alles
und viel mehr,
sei es auch etwas banales,
etwas unnormales und radikales,
du hörst mir zu
und ich erzähle dir alles.

Ich rede viel zu oft über Dinge,
die keinen interessieren,
nichts symbolisieren
und nur etwas kritisieren.
Ja, ich sage dir alles,
alles, was ich denk

und alles, was in mir vorgeht,
du weißt, wie meine Welt sich dreht
und welches Essen mir gefällt.

Du weißt Bescheid, von meinen irrealen Welten,
denn ich sage dir alles,
doch ich sage dir viel zu selten,
dass ich dich brauch,
zu selten, dass ich dich vermisse,
doch das weißt du auch.
Ich sage dir viel zu selten
wie sehr ich dich liebe,
mein Lieblingsmädchen,
meine Seelenverwandte
und Zwillingsschwester.

Mit dir rede ich so viel,
ohne Nachdenken und Pause,
bei dir bin ich die Person,
die ich sein will
und ich nenne dich mein Zuhause.

*•{Selbst wenn man
sich schon vergessen hat,
erinnert man sich und denkt
wieder nach.}•*

Ganz normal, fast zu banal
und nicht nur dieses eine Mal.
Gekämpft, verloren,
was soll schon sein,
mir geht es gut,
auch dieses Mal.

Auch dieses Mal komme ich gut klar,
ja, mir geht es immer noch gut,
hab vergessen, was war.
Ich bin immer noch glücklich
und sehe immer noch gut aus,
ja, ich denke zwar an dich...
du an mich doch auch,
fragst dich, was aus mir geworden ist?
Tja, ich bin immer noch glücklich,
immer noch ich,
vielleicht nicht mehr die selbe,
ja, ich verändere mich.
Aber es geht mir immer noch gut

und ich sehe immer noch gut aus,
vielleicht denke ich an dich...
kann schon sein... joar, durchaus,
doch habe ich 'ne an'dre Wahl?
Klingt ganz normal, fast zu banal
ja, leider auch dieses Mal.

Schon wieder ich,
denke wieder nach,
wieder an dich
bis ganz spät in die Nacht,
doch du weißt es ja nicht,
denkst vielleicht gar nicht an mich,
erinnerst dich nicht an mein Gesicht,
naja, mich stört es nicht.
Es ist doch schon vergessen,
warum erinnere ich mich?
Warum denk ich an dich,
an dich,
an dich,
ich erinnere mich nicht.

Geht es dir immer noch gut?
Bist du immer noch glücklich?

Siehst du immer noch gut aus?
Denkst du manchmal an mich?

Die Gedanken sind brutal,
mentale Folgen katastrophal,
doch das ist ja bei mir normal,
fast schon zu banal
und nicht nur dieses eine Mal,
naja, passiert, was soll schon sein;
mir geht es gut,
ja, auch dieses Mal.

•*{Das, was die Menschen erschaffen,*
das zerstört sie
irgendwann.}•

Unsere Welt besteht aus
Zahlen,
klingt beängstigend, nicht
wahr?
Doch das ist so,
zum Bedauern
wird es bloß nicht jedem klar.
Warum achtet man auf Zahlen?
Ziffern hinter dem Wort
„Kontostand"?
Auf den Wert der getragenen
Kleidung,
die Noten, die der Lehrer dir
gab;
die Zahlen auf deiner Waage;
und die Anzahl deiner Jahre.

Traurig, dass wenn
die Werte nicht passen,
alle über dich lachen,
dich verlassen,
sind deine Werte besser,
beginnen sie, dich zu hassen.
Werden deine Werte schlechter,

entfernen sich Menschen,
bis sie dann vor dir verblassen,
egal in welchen Maßen
du dich dagegen wehrst,
ob du flehst oder die Lage
erklärst,
dir hört niemand zu,
du bist nicht mehr du,
du bist eine Zahl,
irgendjemands nächste Wahl,
der nicht viel besser ist als du,
nur seine Werte sind gegen
andere immun,
er gehört dazu,
weiß selbst nicht mal wozu,
er zählt nur in Ruh'
seine Zahlen und Werte,
die andere gerne hätten,
doch er hat sie nicht erreicht,
sie waren einfach so gegeben,
er hat kein Grund zum
überlegen,
verschwinden die Werte,
verschwindet sein Image,
denn ohne die hohen Werte
ist der King ein niemand.

Wir zählen die Stunden,
die Ziffern auf einer runden

Platte
bestimmen unseren Tag,
Stunden, Minuten,
einige Sekunden,
eine einzige Zahl
kann den Tag
umprogrammieren,
du kannst deswegen alles
verlieren,
ohne es mitzukriegen.
Wenn sich der Zeiger wendet,
verlierst du ohne zu verlieren,
nur weil sich eine Zahl
verändert.

Eine Zahl,
geschwungen,
abstrakt,
unterstrichen,
entfacht,
dirigiert deinen Takt,
es ist ein Fakt,
egal was du tust,
wo du ruhst
und egal was dich hier hält.
Die Zahlen regieren die Welt.
Zahlen, die keiner versteht.
Ein Fakt, der keinem gefällt,
wenn ihn jemand erwähnt,

der aber trotzdem besteht,
obwohl alle sagen, dass es um
Persönlichkeit geht;
doch entsprechen die Werte
nicht,
ist die Persönlichkeit nicht mehr
wichtig;
nichtig;
traurig, was mit der Welt
passiert,
dass sie die Menschlichkeit
verliert,
weil sie mit ihr experimentiert
und nach und nach die Kontrolle
verliert.

Tja, die Welt wird mittlerweile
von Zahlen regiert.

•*{Keiner wurde geboren,
um nicht dazu zu gehören.}*•

Du siehst dich an
und magst dich nicht,
an Tagen, die nicht für dich
vergehen,
du denkst nach
und innerlich
bist du kurz davor,
alles aufzugeben.
Du übersiehst deinen Preis,
schätzt dich nicht wert,
drehst dich von dir weg,
hast die Sache mit dir selbst
geklärt.
Siehst dich selbst im Dunkeln,
als überflüssig
und fast versunken.
Du denkst, man braucht dich
nicht.
Siehst alle anderen im Glück,
bist traurig,
weil du davon kein Stück
abkriegst.
Ja, du bist vielleicht nicht alles.
Aber ohne dich ist alles nichts.

Du bist das, was der Welt fehlt,

ein Herz aus reinem Feenstaub,
ein Engelslächeln; eine Seele,
die versteht...
du bist das, was die Welt
braucht.

Trauer gehört zu jedem dazu,
jeder zweifelt manchmal an
sich,
doch man sieht sich von der
Seite nicht,
erkennt sich nicht,
vermisst sich nicht,
erinnert sich nicht an sich,
man sieht sich aus anderen
Augen nicht,
dann vergisst man sich,
gewöhnt sich zu sehr an sein
eigenes Gesicht
und realisiert die Schönheit
nicht,
verliert sich selbst in sich,
denkt wieder nach,
erinnert sich
an Sachen, die nicht gut für
einen sind,
Personen, die keine Gegenwart
mehr sind
und die haben es auch nicht

verdient,
denn sie sind nichts,
keine Bedeutung mehr
doch man denkt zu viel nach,
vermisst zu sehr
und vergisst sich selbst.

Eine Welt wie diese
droht zu Grunde zu gehen;
Menschen werden egoistisch;
sind nicht mehr in der Lage,
andere zu verstehen.
Und dann ist da jemand,
der heraussticht,
Farbe in das Schwarz-weiß
bringt,
der die Melodie seines Herzens
vorsingt,
sich nicht nach den anderen
orientiert,
der die Welt neu komponiert
und sie mit seinem Lächeln
verziert.
Dieser jemand lässt die Welt
sich wieder drehen,
sollte diese einmal stehen.
Dieser jemand fügt der Welt
etwas einzigartiges hinzu...
dieser jemand bist du.

Du bist das Licht, wenn es dunkel wird,
der Leuchtturm, wenn man sich im Meer verirrt.
Das Wunder, an das jeder glaubt,
der, der uns die Trauer raubt;
die Liebe, die niemals vergeht;
du bist das, was der Welt fehlt.
Die Stimme, die der Welt Hoffnung haucht...
du bist das, was die Welt braucht.

Doch du siehst wirklich nicht, wer du bist,
vielleicht, weil du es nicht willst?
Ja, du bist zwar nicht alles...
aber ohne dich ist alles nichts.

•{Die Welt hat nichts anderes übrig, als sich an uns zu rächen.}•

Graue Gebäude,
links und rechts,
vor und hinter mir.
Und für das ganze wurden
Bäume gefällt,
dabei will ich nur weg von hier.
Wir werden gezwungen,
alles zu zerstören,
weil die Regierungen meinen,
die Natur würde ihnen gehören
und sie nutzen sie aus,
indem sie sie zerstören,
nur um Geld dafür zu
bekommen.

Geld statt Sauerstoff,
statt Wald,
dafür graue Städte und Gewalt.
Natur zerstören für Ruhm,
wegen der Konkurrenz.
Eine Frage: wozu?
Wozu Schönheit zerstören
und sich dann beschweren,
dass unsere Erde schwer atmet.

Und dann geht es wieder um Geld,
Konkurrenz,
welche Fabrik mehr Waren herstellt,
mehr verdient,
mehr profitiert
und für die Abgase ist niemand interessiert,
doch dann, wenn die Werte Alarm schlagen,
tut jeder bescheiden,
will helfen,
heilen,
doch tut dafür nichts,
redet nur etwas,
doch verändert seine Lebensweise nicht;
hilft nicht,
tut nichts.

Jeder lebt YOLO,
konzentriert nur auf die eigenen Probleme,
bricht wer auf der Straße zusammen,
gehen nur die wenigsten nicht vorbei,
niemand hilft freiwillig,

und schon gar nicht umsonst,
man braucht keinen Trost,
alles passiert aus Trotz,
jeder will alles und sofort,
ohne dafür etwas zu tun
und wenn dann etwas passiert
fragt sich jeder nur: was nun?

Überall sind Menschen,
doch wo bleibt die Menschlichkeit?
Überall sind Grenzen,
doch bringen nichts, weil sie jeder überschreitet,
wo bleibt die Verständlichkeit?
Alle sprechen von Frieden,
doch wo ist er?
Hier und da, überall Krieg,
überall töten Menschen Menschen.
Alle reden von Loyalität,
gehen aber schon sich selbst fremd.
Und plötzlich leben wir in einer Welt,
die niemand kennt,
die keiner von den Älteren erkennt,
wir verlieren die Welt.

Warum helfen wir nicht?
Warum fügen wir uns nicht alle
zusammen,
um die Ungewarnten zu warnen
von Folgen,
die wir selbst nicht erahnen,
nicht wahrhaben
wollen,
um nicht noch mehr zu
zerstören.
Warum haben wir Angst,
einander zu glauben?
Verdächtigen jeden in der Lüge,
nur weil einer gelogen hat,
wo bleibt das Vertrauen?
Das menschliche Glauben?
Die strahlenden Augen,
sie strahlen nicht,
glänzen nur noch im Licht,
wenden sich,
um nicht das ansehen zu
wollen,
was tatsächlich passiert,
dass die Menschheit tatsächlich
die Welt verliert...

•{Und wir alle haben
Mängel.
Wir sind Menschen,
keine Engel.}•

Habe ich 'was falsch gemacht?
Oh ja, das hab' ich,
nur weiß ich nicht was.
Hab' ich geredet?
Hab' ich etwas verpasst?
Hab' ich jemanden falsches
gehasst?
Einer falschen Person vertraut
und auf falschen Illusionen
gebaut?
Oh, das tut mir nicht leid,
dass ich Fehler mache,
etwas nicht beachte,
es tut mir nicht leid,
dass ich atme.

Ja, ich weiß,
ich bin verrückt,
ich freue mich über nicht
materielle Sachen.
Ich bin altmodisch,
glaube an Glück
und kann über das Leben
lachen.

Ich bin nicht modern,
ich halte an Beziehungen fest,
lege Wert auf's Innere,
achte noch auf das Gesetz
und denke an die Natur.

Ich bin altmodisch,
schreibe Gedichte,
merke mir Namen und Gesichter
ohne Facebook oder Twitter.
Ich style mich nicht,
ich schreibe Bücher,
bin am Wochenende nüchtern,
tu etwas für meine Zukunft
und bin oft allein.

Habe keinen Drang
nach Zigaretten,
schluck' keine Pillen oder Tabletten,
kleide mich nach meinem eigenen Stil
und nicht so, wie mich die Modezeitschrift sehen will.
Ich rede noch mit Leuten,
frag' sie im Urlaub nach dem Weg,
weiß' noch, was meine Eltern zu

Weihnachten wollten
und lege mein Handy auch
oftmals weg.

Ich lebe in Reallife,
hatte nie Pokemón-Go,
höre auch noch alte Musik
und tanze manchmal zu Rock'n
Roll.
Ich verdiene mein Geld selber,
bekomme nicht alles geschenkt
von Papa,
höre immer noch auf Mama
und respektiere meine Eltern.

Ich bin altmodisch,
kleide mich nach dem Wetter
und nicht nach dem
Mini-Rock-Prinzip;
ich habe Mitleid mit den
Bettlern
und sag' „Gesundheit!" wenn
ein Fremder niest.
Ich bin nicht modern,
ich rede sehr viel
und höre auch anderen zu,
ich helfe Papa mit dem Grill
und deck' meinen kleinen
Bruder zu.

Ich mache Bilder von meinem Freund
wenn er schläft;
ich tröste eine Katzen,
wenn ein Hund sie anbellt.

Ich bin nicht von heute,
bin auch nicht „cool",
will es nicht sein
und brauche es nicht,
klatsch mir keine Tonnen Schminke ins Gesicht,
ich feier nicht,
bin abends zu Haus'
und lasse auch noch meine Gefühle raus.
Weine wegen Texten,
die ich selber schreib';
und frag' das Gänseblümchen nach der Wahrheit.
Erzähle abends gern von meinem Tag
und denke nach,
bevor ich etwas sag'.

Ich bin kompliziert,
glaube an die wahre Liebe,
vielleicht auch etwas zu naiv
und ich setze mir selbst Ziele.

Ich halte mich an Regeln
und halte mein Versprechen.

Ich bin nicht modern,
ich bin altmodisch,
nicht von heute.
Und vielleicht würde das
jemand
„Mangel" nennen,
und sich selbst als „viel besser"
vorstellen,
würde ich ihn gern
kennenlernen,
denn selbst er ist ein Mensch,
so wie wir alle.
Wir alle haben Höhen und
Tiefen,
in uns Kriege und Frieden
und jeder hat „Mängel".
Denn wir sind Menschen,
keine Engel.

•{*Und ich tanz,*
tanz,
tanz aus der Reihe...
und nicht nach irgendeiner
Pfeife.}•

Kennen wir nicht alle
den Satz „Du bist so wie alle an'dern!"
Und wie alle nacheinander
sich darüber streiten.
Und dann kommt dieser jemand
und sagt „Du bist einzigartig!"
Bin ich etwa eigenartig?
Ja, ich bin so wie alle anderen
und zwar bin ich anders als jeder.
Ich bin anders als du
und du bist anders als sie,
sie ist anders als er
und trotzdem ähneln wir uns sehr.

Wir sind alle anders,
und deswegen alle gleich,
alle so besonders
und fragwürdig vielleicht.
Doch wir sind alle wir selbst,
und doch sind einige nur

Kopien,
doch sie können nicht leben,
lediglich nur am Leben
vorbeiziehen.
„Du bist so wie alle anderen, du bist anders!"
So wäre der Satz richtig.
Denn so ist das Leben
und ist es nicht
selbstverständlich,
dass wir es alle verstehen?

Ich bin anders
und doch ähnele ich jedem.
Ich halte mich durch Atmen und Essen am Leben.
Ich schlafe nachts nicht ein und bin tagsüber müde.
Wenn ich könnte, wie ich wollte,
glaubt mir, ich würde.
Ich denke oft an das, was mal war;
rechne zurück,
wann ich zum letzten mal jemanden sah;
ich esse gern Süßes,
freue mich auf
Weihnachtsplätzchen
und an Ostern auf das Schoko-

Häschen;
wünsche mir hellere Zähne,
stehe morgens vor dem Spiegel,
so wie jeder.

Ich lache, wenn mir gerade danach ist,
bin manchmal beleidigt und angepisst.
Ich lächele Passanten an,
wenn ich gute Laune habe;
lasse dem Kellner Trinkgeld,
wenn ich die paar Euro nicht selber brauche.
Ich finde schöne Leute attraktiv, intuitiv;
so wie jeder, bin halt ich.

Ich sage gern meine Meinung,
manchmal auch,
wenn mich niemand fragt;
ich habe oft Schmetterlinge im Bauch
und spucke sie immer wieder aus.
Ich bin manchmal versaut, schamlos und frech,
manchmal sanft und vertraut,

spiele nichts vor, bin echt.
Bin mal böse,
bin mal lieb;
bleibe oft da, wo sonst niemand
blieb.
Bin entweder süß
oder zicke herum;
rede zu viel
oder bin stundenlang stumm.
Bin mal unfair,
mal gerecht;
manchmal gut
und manchmal schlecht.

Ich liebe aus ganzem Herzen,
lasse mich dadurch oft
verletzen.
Bin oftmals stolz
und gebe selten nach;
habe hier und da zu viel
nachgedacht.
So einige Sachen falsch
gemacht
und zu falschen Momenten
gelacht.
Habe in der Schule manchmal
nicht aufgepasst;
habe Sachen nicht gesehen, die
sonst alle erkannten;

habe Physik nicht verstanden
und den Lehrer für schlechte
Noten gehasst.

Wenn es darum geht,
leise zu sein,
bin ich laut
und wünsche mir dennoch oft
Stille;
bekomme das,
was ich kriege,
vielleicht manchmal nicht das,
was ich verdiene,
setzte mir vielleicht zu hohe
Ziele,
verletze Leute,
die mich lieben
und antworte nicht auf alle
Fragen.
Ich höre nicht jedem zu,
frage mich oft „Warum? Wozu?".

Sind wir nicht alle gleich,
weil wir verschieden sind?
Durch den Wind?
Wir wollen alle erwachsen sein
und dann wieder Kind,
weil wir alle so sind.
Weil jeder alles anders

wahrnimmt.
Wir sind alle gleich,
weil wir alle verschieden sind.

Jeder geht seinen Weg,
bestimmt sein Ziel,
lebt sein Leben so,
wie er will.
Einige leben zu wenig,
andere zu viel,
so, wie es das Schicksal will.

Wir leben,
um wir selbst zu sein
und nicht so,
wie uns andere haben wollen.
Die Welt ist klein,
das Leben schön.
Und wir sind so,
wie wir sind,
weil wir es wollen,
weil wir es wollen sollen.

•*{Wir haben alle Zeit
der Welt.
Aber nur
solange der Zeiger
sich dreht.}*•

Oh, es ist schon wieder Abend
und ich liege schon wieder im Bett,
was habe ich heute gemacht?
Ich habe alles schon fast verdrängt.
Der Tag war wieder so streng mit mir;
mein Kaffee zu bitter;
draußen herrscht Gewitter
und es wird immer kälter hier.

Es war wieder einer
von diesen Tagen,
die an uns vorbeirasen
und die uns förmlich sagen,
dass uns unser Leben nicht reicht,
ja es ist nicht leicht,
doch vielleicht
ist es ja das,
was wirklich zählt.

Einer von diesen Abenden
im stillen Zimmer,
fast so wie immer,
im warmen Pullover
unter Decken versteckt,
mit Tee neben sich stehen
und der Versuch,
sich ein bisschen zu
entspannen.

Schon wieder ein Tag vorbei?
Oh, wirklich?
Habe ich gar nicht gemerkt,
bin ich nicht gerade erst wach
geworden?
Und dann sind Menschen tot.
Was? Wurden sie nicht eben
erst geboren?
Und so sterben die Tage,
einer nach dem anderen,
ohne zu leben
und wir erinnern uns nicht,
was wir am Frühstück aßen,
weil wir vergaßen,
uns zu erinnern,
unser Leben zu lieben
zwischen all den Terminen;
wichtigen Innovativen
und Sachen,

die niemand braucht.

Was bringt ein Leben
nach der Uhr?
Tick-tack heute,
tick-tack morgen,
halt stopp,
es tickt mir zu schnell,
bitte nicht blenden,
die Sonne strahlt zu hell.
Und was kommt am Ende?
„Nein, ich will noch nicht
sterben.
Ich habe doch
noch gar nicht gelebt."?
Tja, wonach hat man den
gestrebt?
Nach Ruhm und Geld,
das man später vererbt?
Nach dem Erlernen von Dingen,
die man später verlernt?

Wir leben nach tick-tack,
einer mechanischen Uhr,
tun mal dies und mal das,
lassen dem anderen kein Platz.
Hören nur tick,
tick und tack,
bloß nicht zu spät kommen,

der Pfeil,
oh nein der Zeiger,
das darf nicht sein,
er ist zu weit,
ich bin noch nicht bereit,
ich brauche noch mehr ticks
und
tacks
mehr Zeit,
mehr Zeit.

Wir brauchen Zeit,
um Zeit zu haben.
Lohnt es sich?
So viel zu planen?
Wo bleibt die Spontanität?
Einfach mal raus,
nicht wissen wie spät.
Die Zeit bleibt Zeit,
weil sie nicht verweilt,
doch das Ticken
und die Zahlen
sind nicht die Zeit.
Sie sind die Zeit,
die wir nicht haben
und die,
die wir haben,
nutzen wir nicht.

•*{Wir sind unsere*
eigenen Sklaven,
die nicht uns
gehören,
sondern allen anderen.}•

Wir besitzen kein Geld,
verfallen in Schulden,
kaufen das, was uns nicht
gefällt,
um Leuten zu gefallen,
die uns nicht dulden.
Was denken die anderen?
Was reden sie über mich?
Wir fragen uns das
und bedenken nicht,
dass für jemanden anderes,
wir selbst 'die anderen' sind.
Was werden sie sagen?
Was werden sie reden?
Ach komm,
das ist egal,
reden tun sie sowieso.

Wir kleiden uns,
schminken uns,
kaufen uns Sachen,
um uns schön
und interessant

für andere zu machen.
Warum?
Wann tun wir denn schon etwas
nur für uns allein?
Tun wir es jemals?
Nein.
Der Hintergedanke ist immer da
und wir kommen nicht klar,
sorgen uns um fremde
Gedanken,
sind manchmal zu stolz,
um uns zu bedanken
und hassen denjenigen,
der besser ist.

Wir erreichen Ziele,
um uns gut zu fühlen
und sie zu zeigen,
nicht uns,
sondern den anderen,
damit sie es sehen,
auf dich zugehen
und prahlen
und dann hast du deine Zeilen,
um sie mit den anderen zu
teilen,
um dich selbst ihnen zu zeigen
und gäbe es die anderen nicht,
wäre alles egal,

die Kleidung,
der Stil,
das Aussehen,
der IQ-Wert,
der Lohn
und dein Haus
und was ziehen wir daraus?

Wir leben nicht für uns,
sondern für die Meinung
anderer,
wenn es darum geht,
normal zu leben,
angesehen zu werden.
Warum fragen wir uns,
ob die Sachen,
die wir tragen,
uns stehen?
Damit die anderen es sehen.
Warum wollen wir gut bezahlt
werden?
Um über den anderen zu
stehen.

Es geht uns um die anderen,
nicht um uns selbst.
So funktioniert die Welt.
Wir gehören uns nicht,
wir sehen nicht in unser eigenes

Gesicht,
sehen nur das,
der Fremden.
Und wie sollen wir es nennen?

Ist es dumm?
Womöglich.
Leichtsinnig und naiv?
Definitiv.
Doch ganz egal,
wie wir es nennen.
Es ist eben alles.
Es ist das Leben.
•{*Und einige Dinge
sind wohl dafür gemacht,
um in unseren Köpfen
gefangen zu sein.*}•

Wir denken zu viel
und reden zu wenig,
zu wenig über das,
was uns berührt;
wir denken und schweigen
und wenn etwas passiert,
haben wir zu viel oder gar
nichts gespürt.

Wir reden nicht über Gefühle,
sondern lediglich nur über das,

was uns fehlt,
aber nie,
was in uns vorgeht;
wir reden nicht darüber
was wir spüren,
wenn sich aus Versehen unsere
Hände berühren,
wir reden nicht über das,
was wir nicht verstehen,
wenn wir etwas sehen,
was uns gefällt.

Wir reden übers Wetter,
über Personen und sind am
lästern,
wir reden über Preise
und auf irgendeiner Weise
reden wir über alles
und doch über nichts.
Wir reden über Banales
und nichts wichtiges.

Wir denken uns etwas,
aber wir sagen es nicht,
wir lügen dem anderen ins
Gesicht,
weil wir an etwas anderes
denken,
an etwas,

was unser Gegenüber nicht
wissen soll.
Und das ist ja gewollt,
das Lügen und so,
wir hören dem andern öfter
nicht zu,
denken an unsere eigenen
Sachen,
nicken und lachen
und fragen uns dann,
was sich der andere wohl
gerade denkt.
Wir haben Worte und Zeit
verschenkt,
haben sie nicht benutzt,
nur mit Lügen verschmutzt
und mit Stille.
Wir denken tagtäglich an
Sachen,
die wir niemals ansprechen,
Sachen,
an die wir so oft es geht
denken,
während schlaflosen Nächten
und Tagesgefechten.
Die Gedanken kommen aus
dem Nichts,
und verschwinden dorthin
und sie bleiben da,

denn wir sprechen sie nicht aus,
niemals angesichts,
und so bleiben sie da,
sie bleiben ein
nichts.

•{*Wenn du weinen,
schreien,
dich verstecken willst,
steh auf – zeig dich
und zeig dem Leben,
dass dein Lächeln
schöner
als deine Tränen
ist.*}•

Ich weiß,
dass ich lebe,
weil der Wind durch meine
Haare weht.
Ich weiß,
dass ich lebe,
weil ich sehe, wie Zeit vergeht.
Weil ich weiß,
dass man mich versteht,
wenn ich frage,
wo es langgeht.

Ich weiß,
dass ich lebe,
denn ich tanze zur Musik
und verteile gern Kritik,
bin mal böse,
bin mal lieb.
Ich lebe,

weil ich weiß,
dass es Gefühle gibt.

Ich weiß,
dass ich lebe,
wenn ich mich an dem heißen
Kaffee verbrenne
oder das Schild vorne links
nicht erkenne.
Ich weiß,
dass ich lebe,
wenn ich dem Bus
hinterherrenne
und dieser nicht anhält
und weiterfährt
und mich stehen lässt.

Ich weiß,
dass ich lebe,
wenn ich wegen einem
Albtraum aufwache
und nicht mehr einschlafe.
Ich weiß,
dass ich lebe,
wenn ich gegen eine Laterne
laufe
oder Sachen kaufe,
die ich nicht brauche.

Ich weiß,
dass ich lebe,
wenn meine Augen tränen
oder meine Füße nicht gehen
und die Leute meinen Kummer
nicht verstehen.
Ich weiß,
dass ich lebe,
wenn meine Bekannten mich
beim Einkaufen sehen
oder ich auf meine Freunde
warten muss,
weil sie im Stau stehen.
Ich weiß,
dass ich lebe,
denn ich sehe die Zeit
vergehen.

Ich weiß,
dass ich lebe,
weil ich überlege,
weil ich Ausschau halte nach
besseren Wegen.
Ich weiß,
dass ich lebe,
weil ich den Leuten vergebe,
weil ich Gefühle hege
und mich zum schlafen hinlege.
Ich weiß,

dass ich lebe,
wenn ich lache,
wenn ich peinliche Sachen
mache,
wenn ich ein Bild im Museum
betrachte
oder zu viel Alkohol nicht
verkrafte.
Ich weiß,
dass ich lebe,
wenn ich das Auto parke
und jemandem für ein
Geschenk danke.

Ich weiß,
dass ich lebe,
wenn ich mich auf mein Essen
freue
und dann bereue,
so viel gegessen zu haben.
Ich weiß,
dass ich lebe,
wenn ich Werbung sehe
und mein Geld ausgebe.
Ich weiß,
dass ich lebe,
wenn ich nicht weiß, was ich will
und die halbe Nacht vor Netflix
chill.

Ich weiß,
dass ich lebe,
denn ich bin manchmal laut und still.
Ich weiß,
dass ich lebe,
wenn ich mit meiner Familie grill'.

Ich weiß,
dass ich lebe,
selbst wenn ich das Leben nicht verstehe.
Ich weiß,
dass ich lebe,
weil ich mein Gesicht jeden Morgen im Spiegel sehe.

Ich weiß,
dass ich lebe,
weil die Erde sich dreht
und die Zeit so unfassbar schnell vergeht,
sodass man irgendwann nichts mehr versteht
und ich weiß,
dass ich lebe,
weil der Wind durch meine Haare weht...

I AM A
DAY DREAMER
AND A
NIGHT THINKER.

Herstellung und Verlag:
BoD - Books on Demand, Norderstedt
ISBN 978-3-7392-4461-7